保存版!

大地震を生き抜く48の知恵

備えは万全か?

震災対策研究会

監修 国崎信江

(危機管理教育研究所代表)

イースト・プレス

はじめに

2011年３月11日は、われわれ日本人にとって忘れられない日となりました。東北地方を襲った大震災は、未曾有の被害をもたらしたのです。大切な人を亡くされた方、家を失った方……。直接被害に遭われた方々はもちろん、すべての日本人に大きな衝撃を与えました。

家族と語り合い、何気なく過ごしている日常の日々が、いつ壊れるかもしれない脆いものだということに気づかされたのです。

大自然の猛威の前に、人間はなすすべがない……そう思われた方も多いのではないでしょうか。

東日本大震災後によく耳にしたのが「想定外」という言葉でした。想定していた以上の大きな揺れ、想定以上の大きな津波……。想定を超えた自然災害の前には、人間が考えた対策に限界があるのは確かです。しかし、それでも十分な対策とイザというときの心構えがあれば、被害を最小限に抑えられるということも事実です。

日本は世界でも有数の「地震大国」です。「天災は、忘れたころにやってくる」という言葉もありますが、今日まで日本は、繰り返し大震災に見舞われてきました。そしてこれからも確実に大地震は起こるでしょう。

私たちは、地震とともに生きていかなければならないのだという覚悟を持たなければなりません。

そして2011年３月11日の東日本大震災は、これまでの防災における常識をいくつも覆してしまいました。過去の大災害に学び、自分自身、そして家族の命と財産を守るための知恵は、ぜひ身につけておきたいものです。

本書は、大地震が襲ってきたときにどう対処したらいいのか、普段からイザというときのために、どう備えておけばいいのかを、イラストと図解で解説しました。また、巻末では付録として防災グッズなどを紹介しました。

イザというときのシミュレーションは大事です。慌てず冷静な判断ができる一助になれば、幸いです。

大地震を生き抜く48の知恵　◎もくじ◎

PART 1

大地震だッ！

1 大きな揺れが襲ってきたら

最初に揺れを感じたときは、とにかく**自分の身を守ることを第一に考えましょう。**

「地震だ、まず火の始末」という標語がありますが、これはケース・バイ・ケースで判断しなければなりません。

地震には、最初は小さな揺れから始まり、大きな揺れになる「プレート型地震」と、いきなり激しい揺れがくる「直下型地震」があります。プレート型地震で、小さな揺れの段階で火を消す余裕があるときには、火を消すようにしましょう。

しかし、いきなり大きな揺れが襲ってきたときは、まず自分の身の安全を確保しましょう。最近のガス器具は、大きな揺れを感知すると自動遮断装置が働き、自動的に火が消えるようになっているものも多くあります。

身の安全を確保できる場所に移動。頭部をクッションなどで覆う。

大きな揺れが襲ってきたときは、まず頭部を守ることを優先します。**クッションなどがすぐ手の届くところにあれば、頭を覆うようにしましょう。**

よく「テーブルの下に身を隠せ」といいますが、それが可能なのは小さな揺れのときです。いきなり直下型地震が襲ってきたときは、それも難しい場合が多いようです。

阪神・淡路大震災や東日本大震災を体験した人の話を総合すると、

「揺れているというより、部屋全体がシェイクされているようだった」「とても立っていられず、机の下に身を隠す余裕などなかった。もし、火を使っていたら、消すことはできなかった」「固定してあった食器棚から、皿などが飛んできた」「オフィスのコピー機が、猛スピードで壁に激突した。もしコピー機と壁に挟まれていたら、死んでいたと思う」

など、凄まじい状況に見舞われるようです。

激しい揺れが襲ってきたときは、運に身をまかせるしかないかもしれませんが、普段からの対策が重要なのです。

ガスの火は、大きな振動を感じると、自動的に消えるようになっているものが多い。

揺れを感じたら、照明器具には目を向けない。

2 緊急地震速報を活用しよう!

強い揺れが襲ってくるまでに、地震の緊急情報を伝える予報・警報が「緊急地震速報」です。これは地震の発生直後に、震源地に近い地震計でとらえた観測データをもとに発せられるもので、テレビやラジオ、インターネットを通じて伝えられます。

テレビなら「ピッピッ」という警報音のあとに、「緊急地震速報です」というメッセージが音声で流されます。

緊急地震速報が流され、実際に強い揺れが襲ってくるまでには、数秒から十数秒ほどの時間があります。

その間に、**「使っている火を消す」「テーブルの下に身を隠す」**などといった対応策を取ります。

さらに余裕があれば、玄関を開けておくなど、逃げ道を確保しておきましょう。地震によって建物が歪み、ドアが開かなくなることもあるからです。

気をつけなければならないのは、地震が発生しないときも、緊急地震速報が流れることがあるという点です。

あるいは地震が起きても、ごく小さな揺れで終わってしまう場合も多々あります。

しかし、たとえ誤報が続いたあとでも「どうせ、大したことはないだろう」などと油断してはいけません。

緊急地震速報が流れたときは、必ず大きな揺れに備えるようにしましょう。

緊急地震速報が流れたら、こう行動する

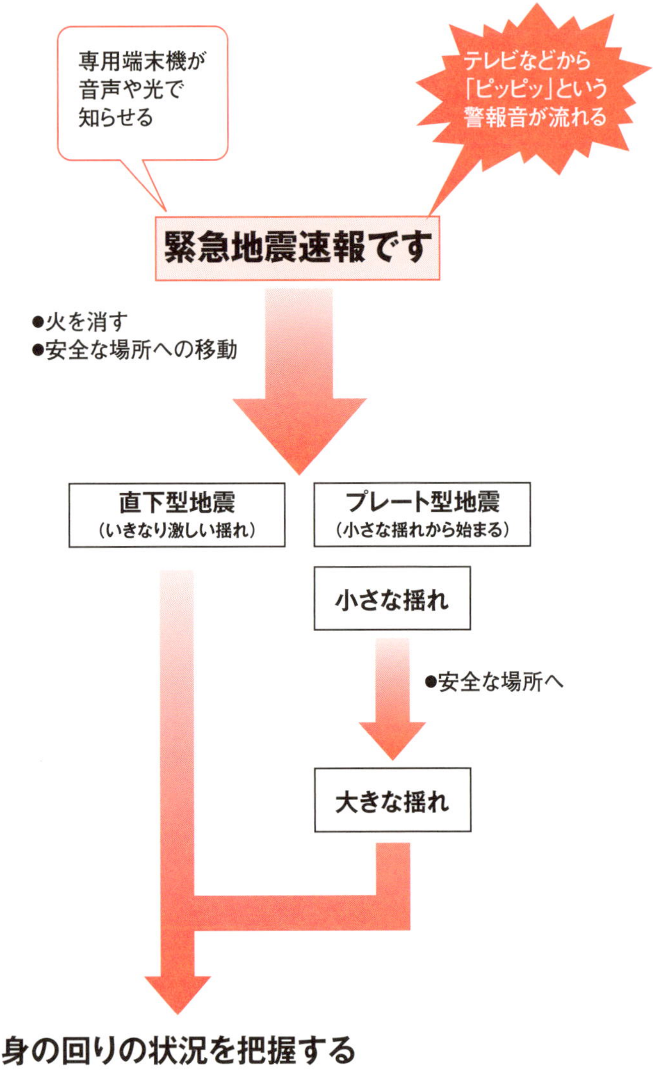

専用端末機が音声や光で知らせる
テレビなどから「ピッピッ」という警報音が流れる
緊急地震速報です
●火を消す
●安全な場所への移動
直下型地震
（いきなり激しい揺れ）
プレート型地震
（小さな揺れから始まる）
小さな揺れ
●安全な場所へ
大きな揺れ
身の回りの状況を把握する

3 トイレや風呂場にいるときに地震がきたら

トイレや風呂場は、物が落ちたり家具が倒れてくる危険性はあまりありません。ただし、注意しなければならないのは、トイレも風呂場も出入口が１カ所しかないという点です。ドア枠が歪んで、ドアが開かなくなることもあります。**揺れを感じたら、すぐにドアを開けて逃げ道を確保しましょう。**

また入浴中は裸なので、天井の落下やガラスの破片に対しては無防備です。**浴槽のフタや洗面器で頭を守るといいでしょう。**

逃げるときは、**シャンプーや石けんの泡で足を滑らせないように注意してください。**体についた泡も流してから逃げるようにしましょう。

トイレや風呂場で揺れを感じたら、少しドアを開ける。

風呂場では、洗面器で頭だけでもカバーしよう。

普段から浴槽のお湯は溜めておく（マンションの高層階ではNG）。

4 エレベーター内で強い揺れがきたら

エレベーターに乗っているときに、地震に襲われることも想定しておきましょう。

1981年以降に設置されたエレベーターであれば、震度4以上の地震が起きたときは、自動的に最寄りの階に止まるようにできていますが、それでも東日本大震災では、エレベーター内に閉じ込められる事故も起こっています。

自分が住んでいるマンションや勤務先のビルのエレベーターが、いつ設置されたかを確認しておきましょう。

エレベーター内で強い揺れを感じたら、すべての階のボタンを押します。止まったところで降りて、あとは階段で避難しましょう。

もし**エレベーター内に閉じ込められたときは、緊急通報ボタンを押し、救助を求めてください。**

緊急通報ボタンは、エレベーターを管理するサービス会社につながります。サービス会社が社員を派遣して救助にあたりますが、大震災後では電話がつながらない、あるいはサービス会社そのものが大きな被害を受けている場合も考えられます。また、電話そのものが通じなくなっていることもあります。

緊急通報ボタンによるインターホンが通じないときは、**携帯電話を使って通報しましょう。**

エレベーター内で強い揺れを感じたら、すべての階のボタンを押す。

エレベーターの中に閉じ込められたら、まず緊急通報ボタンを押す。

5 高層マンションで強い揺れがきたら

高層マンション、高層ビルは比較的耐震性は高いとされていますが、揺れ自体は大きくなりがちです。

超高層ビルは、鉄筋の柔軟性によって揺れを吸収するような構造になっています。つまり、揺れに抵抗しない構造によって、倒壊を防ぐようにしているケースが多いのです。

しかし、古い中層マンションは、阪神・淡路大震災のときは数多く倒壊し、被害を大きくしています。1982年に建築基準法が改正され、耐震規制が強化されていますが、それ以前のビルは耐震強度に問題があることになります。

ビルがいつ建てられたのか、耐震補強は施されているのかが、被害が大きくなるかどうかの境目といえます。

また、東日本大震災でも問題が浮き彫りになりましたが、高層ビルは長周期地震動に弱く、長い時間にわたって大きな揺れが続きます。

さらに高層ビルの上階では、家具やオフィスのコピー機がスライドして「高速移動」してくる危険性があります。揺れが大きくなることによって、棚などの倒壊率も高まります。それに加え、体が弾き飛ばされることもあります。

小さな揺れのうちに、安全な場所でしっかりしたものにつかまるか、玄関ドアを開けて廊下に出るようにしてください。

高層ビルは、揺れが大きくなりがちで、家具やコピー機などが猛スピードで移動する！

廊下に荷物が置いてあると、避難の邪魔になるので、普段から物は置かないこと。

6 外出先で地震が起きたとき

大地震は、自宅にいるとき襲ってくるとはかぎりません。

外にいるときに大きな揺れを感じたら、まず、頭上からの落下物に気をつけましょう。割れたガラスの破片、外壁、看板などが凶器となって襲ってきます。

持っているバッグなどで頭をカバーし、広い場所に移動するか、ビルの近くにいたら、中に逃げ込みましょう。

スーパーマーケットなどの店内にいるときは、陳列棚やショーウィンドーからビンやガラスの破片が飛んできたりするので、注意が必要です。また、パニックになった群衆にも巻き込まれないようにしましょう。

頭上からの落下物に気をつけよう！

地下鉄構内や地下街で怖いのは、パニックになった群衆に巻き込まれること。

地下や施設内での火災では、煙に要注意！　煙を吸わないように早く逃げる。

防煙マスクがあれば、それで口を覆う。

7 揺れがおさまったら状況を確認する

大きな揺れがおさまったところで、被害状況を確認します。自分自身にケガなどがないか確かめます。次に火災が起きていないか確認が必要です。

自宅内で火を使っていたら、すぐに消しましょう。火災が発生したとしても、小さなものであれば消すようにしてください。

自宅だけでなく、近所で火災が起きていないかも確認しましょう。もし、初期消火ができないほど火の手が広がってきたら、近所の人の助けを呼ぶか、逃げましょう。

火災で怖いのは、火よりも煙です。煙は有毒ガスを含んでいるので、火災が発生したときは、できるだけ早く外に避難しましょう。火災時に発生する有毒ガスを一息でも吸ってしまうと、それだけで死に至る場合もあります。

部屋の中にガラス片が飛散したりします。室内でもスリッパや靴を履くようにしてください。

自分の安全を確保したら、テレビやラジオ、インターネットなどで状況を把握しておきます。大規模な火災、津波が発生していないか確認しましょう。

以上を確認し、状況によってその場にとどまるか、逃げるかといった次の行動を判断しましょう。

揺れがおさまったら、ガラス片が飛び散っていないかをチェック。

テレビやラジオ、インターネットなどで被害状況を確認。

8 部屋の中に閉じ込められ、身動きできないとき

ドアが開かなくなって部屋の中に閉じ込められたり、倒壊した建物の中に閉じ込められたりするケースも、命に関わることだけに、あらかじめ想定しておきましょう。

単にドアが開かなくなっただけで体が動くようであれば、窓やベランダから助けを求めましょう。問題は倒れた壁や家具の下敷きになって身動きが取れなくなったときです。

むやみに体を動かそうとせずに、まずケガがないかどうかを確認しましょう。もし、**出血していたら、ハンカチやシャツなどを切り裂いてでも、傷口をふさいで止血しましょう。**

すぐ近くに助けがいなければ、じっとして体力の温存をはかりながら人が来るのを待つことです。大きな声を出すのは体力を消耗するので、最小限に抑えます。**人が近づいてきたときは、身近にあるものを叩いて、存在を知らせましょう。**さらに**携帯電話で助けを呼んでもいいでしょう。**

災害時はつながりにくいものですが、あきらめてはいけません。

アンテナが立っておらず、つながらなかったときでも何度もかけ直し、たまたまつながったときに助けを呼び、それで命が助かったという事例もあるのです。

家具などの下敷きになったとき、まずケガをしていないかチェックする。

身動きが取れなくなったときは、近くにあるものを叩いて音で知らせる。

閉じ込められても携帯電話で助けを呼ぶ。

9 一時避難しなければならないとき

強い揺れがおさまったとしても、津波や火災といった二次災害が襲ってくるかもしれません。また、大地震のあとには、大きな余震も起こります。

大きな余震や二次災害の危険性があるときは、自治体などから避難勧告や避難指示が出されます。

次項で紹介する防災無線やテレビやラジオからの情報に注意しましょう。テレビやラジオから情報が得られないときは、避難所のほうが入手しやすいときもあります。

また避難勧告や避難指示が出ていなくても、ガス漏れで爆発の危険性があるときや心理的にひとりでいるのが怖いときは、自主的に避難しましょう。

地方自治体は、それぞれ避難所を指定しています。広域避難所は公園、避難所は学校などです。

できれば普段から、**道路の閉鎖や火災を予測し、複数のルートを確認しておきましょう**（P56参照）。

自治体から避難勧告や避難指示が出たときは、すみやかに避難。

止まったライフラインも避難所では使えることも。

二次災害の恐れがあるときは、一時避難する。

10 防災無線をよく聴く

今、多くの市区町村で防災無線が配備されています。これは地震などが起きたとき、避難勧告や避難指示を行なったり、警報や注意報を流したりします。東日本大震災のときも、津波の到達を告げる防災無線からの警報が流されていました。

たとえ停電になっても、予備電源が備わっているので、大地震が襲ってきても機能するようになっています。**防災無線がどこにあるかを、しっかり確認しておきましょう。**

地震のあと、津波や火災といった二次災害に注意しなければならないときは、この防災無線からの情報は無視できません。

また救援物資の配布なども、この防災無線を通じて告知されます。

ただし、防災無線が設置されている地域でも、必ずしも全戸に聴こえるようになっているとはかぎりません。余裕があれば、**防災無線を設置してある場所まで行って、何か情報を流していないか、確認しましょう。**

平時でもテスト放送が流されるときがあるので、チェックしておきましょう。

風向きや騒音などで、聴こえたり聴こえなかったりすることもあるので、その点にも注意しましょう。

防災無線は、津波情報などを伝えてくれる！

風向きで防災無線も聴こえないときがある！

11 家を空けるとき

火災や津波などで、緊急に家を飛び出さなければならないときを除いて、家を空けるときは、それなりの準備をしてからにしましょう。

留守中に空き巣に入られないよう、戸締りをしっかりしましょう。ガスや水道の元栓も閉め、電気もブレーカーを落とします。

電気が止まっていても、復旧した際に「通電火災」が発生する恐れもあります。

あらかじめ準備しておいた非常時用持ち出し品（P122～P123参照）のほか、余裕があれば貴重品なども持ち出しましょう。

また、浴槽の水など排水しないと、ボウフラがわいて大変なことになります。

家を空けるときは、電気のブレーカーを落とす。

ガスの元栓も閉める。

冷蔵庫の中の腐りやすいものは捨てる。

カーテンを閉めて避難！

12 外を歩くときの注意点

避難所まで歩くにしても、外には普段とは違ったさまざまな危険が潜んでいます。ガラスや看板など落下物にも注意しなければなりません。ブロック塀や建物などは倒れやすくなっています。

頭部を守るために、ヘルメットを着用しましょう。両手には革手袋をし、荷物は防災ベストやリュックに入れて、できるだけ手には何も持たないようにしましょう。ただし、リュックはひったくりや置き引きに遭いやすいので気をつけましょう。手が空いていれば、お年寄りや子どもの手を引くこともできます。

大地震のあとは、粉塵やホコリが視界を遮ります。**目や喉を守るために、ゴーグルやマスクも着用しましょう。**

道路も陥没しているかもしれません。落下物などで転ばないように注意が必要です。とくに夜間は要注意です。

荷物を運んだり、または遠くまで避難しやすいということで、車で避難したくなるものです。しかし、**マイカーでの避難は、絶対に避けるべきです。**たとえ家の周りの道路に損傷がないように見えても、どこかが陥没していたりして、通行止めになっているかもしれません。

また緊急時は、消防車や救急車などの走行が優先です。車が渋滞しているところまで火の手が延びてきたら、車両のガソリンに引火して、大惨事になりかねません。

外を歩くときのスタイル。

13 子どもを連れて逃げるとき

荷物はリュックに入れるなどして、両手はできるだけ自由に使えるようにします。

子どもを連れて逃げるときは、必ず手をつなぎましょう。ただし強く引っ張るのは厳禁。大人は少しでも早く逃げたいという焦りから早足になりがちですが、足元は瓦礫などで転びやすくなっているので、足元を確かめながら、慎重に逃げるようにしましょう。

また、普段はないような小さな段差ができているかもしれません。大人にとっては大したことはなくても、子どもにとっては大きな障害になります。とくに慌てているときなど、大ケガのもとになります。

あとについて歩かせると、迷子になりかねないので、絶対に避けてください。両親がいるときは、**夫婦で子どもを挟むようにして避難しましょう。**

３歳以下の幼児は、疲れやすくなったり、恐怖心で歩けなくなったりしがちです。そのときは**おんぶではなく、前に抱っこするようにして危険から子どもを守ります。**

ある程度の年齢に達した子どもには、はぐれたときを想定して、必要な荷物を持たせましょう。

幼児は、前に抱っこする。

必ず子どもの手を引いて歩く。

14 高齢者を連れて逃げるとき

お年寄りは、自宅を離れて避難することに抵抗感を持つ人も少なくありません。住み慣れた自宅を離れる不安や避難所の不便さ、移動を面倒に感じるようです。

しかし、避難しないと命にかかわる緊急時に備えて、避難方法や場所について話し合っておくことが大事です。

高齢者は足腰が弱っている人も多いので、避難に時間がかかります。その点を考慮して、早めに避難しましょう。

普段、元気なお年寄りでも、大地震が起きたとき、焦りから足がもつれやすくなります。手を引っ張っても、足がついてこないことも多々あります。

緊張感から疲れやすくもなります。安全な場所であることを確認し、ときどき休息を取るようにしましょう。

手をつなぐより、**腕を貸して体を預けるようにしてもらって密着しながら歩きましょう。**あるいは**背中から腰に手を回し、抱きかかえるようにしながら歩き、**とくに**上り坂は、後ろに回って腰を押しながら歩きましょう。**

車いすでの避難には、車いすそのものの重さから、３人以上の人手を要するなど、かなりの困難がともないます。道路に段差があったり、瓦礫が落ちていたりと、走行を妨げる要因が数多く出てきます。車いすではなく、背負ったり担架で運ぶなど、さまざまな手段を考えておきましょう。

お年寄りの後ろに回って、腰から押して歩くようにする。

腕を貸して、全身を預けるようにしてもらう。

15 離ればなれの家族と連絡を取る

自分の身の安全が確保できたら、次に心配なのが身近な人の安否です。日中の地震であれば職場に行っていたり、学校に行っていたりで、家族がバラバラになっていることも多いでしょう。

東日本大震災のときもそうでしたが、震災当日は、固定電話も携帯電話もほとんどつながりませんでした。電話が集中して通信規制がかかるか、あるいは地震によって通信施設そのものが破壊されたからです。

このときに威力を発揮したのが、インターネットやツイッターでした。またフェイスブックも災害時の安否確認には大いに役立ちます。

普段から離ればなれになったときに備えて、複数の連絡手段を話し合っておきましょう。

自宅に伝言メモを残すことも有効ですが、このとき、玄関のドアにメモを貼り付けるのは、「この家は留守です」ということを世間に公表していることになり、防犯面で問題があります。郵便受けに残すといった取り決めをしておきましょう。

また、近所のお年寄りなどの安否が不明になることもあります。普段から近所の人たちとのコミュニケーションをよくしておくことが大切です。

離ればなれになった家族とは、ネットなどで連絡を取り合うこと。

近所の人と普段からコミュニケーションを取っておこう。

16 災害用伝言ダイヤルを利用する

NTTなどの通信会社では、災害時に「災害用伝言ダイヤル」「災害用伝言板」の運用を行ないます。

NTTが運用する災害用伝言ダイヤルは、およそ30秒ほどの伝言を残すことができます（利用者が多い場合には、伝言できる秒数が短くなることがあります）。

このとき、自分が無事であること、どこの避難所にいるといった伝言を残しましょう。

NTTの場合、まず「171」にダイヤルします。

そこで「メッセージを残す」あるいは「メッセージを聞く」のいずれかをガイダンスに従って選択します。
「自宅の電話番号」あるいは「相手の電話番号」を入力して、録音、あるいは再生を行ないます。

もし、他人に聞かれたくないメッセージを残すときは、「暗証番号」を利用することも可能です。携帯電話からも利用できます（毎月１日と15日、そして防災週間などにはお試しができます）。

またインターネットによる「災害用伝言板（web171）」で、伝言板にメッセージを残すことも可能です。

NTTのほかに、ソフトバンクやKDDIといった携帯電話各社でも、災害用伝言ダイヤルが使えるようになっています。あらかじめ自分が使っている携帯電話の災害用伝言ダイヤルサービスを、確認しておきましょう。

災害用伝言ダイヤル(171)で 家族の安否を確かめる

およそ30秒のメッセージが残せる。
(利用者が多い場合には、伝言できる秒数が短くなることがあります)

伝言は10件まで残せて、利用期限は2日間。

固定電話、携帯電話いずれも利用可。

171 にダイヤル

メッセージを残すとき

ガイダンスが流れる

自宅の電話番号などを登録

(0×) (××××) (××××)

メッセージを録音

メッセージを聞くとき

ガイダンスが流れる

相手の登録番号を入力

(0×) (××××) (××××)

メッセージを聞く

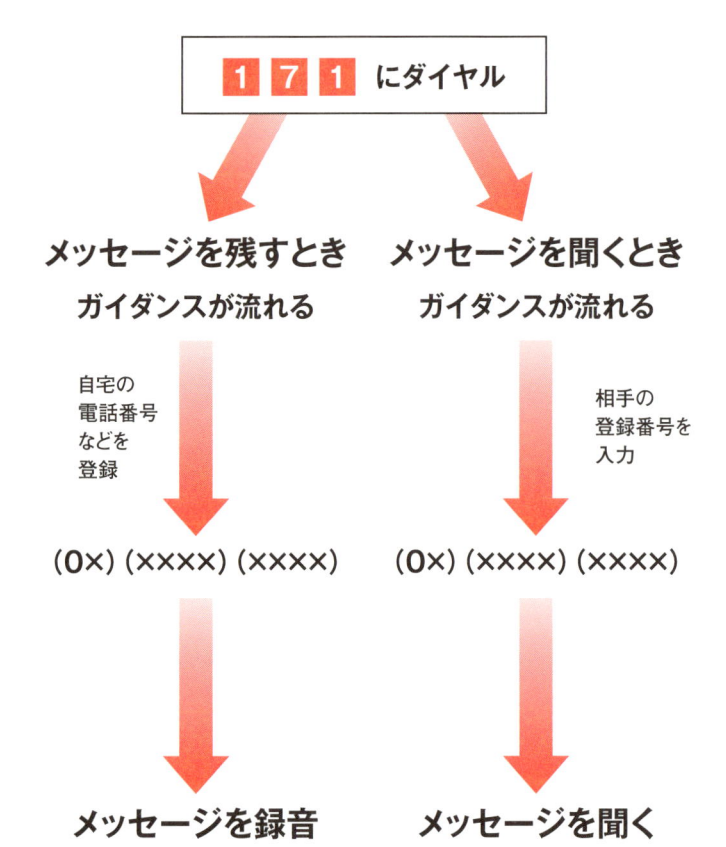

17 公衆電話がつながりやすい

被災地内、あるいは被災地以外から被災地への電話はつながりにくくなりますが、被災地からそれ以外の地域への電話は比較的つながりやすいといわれます。**被災地以外の親しい知人に伝言を頼むというやり方もあります。**

非常時の連絡先は、できれば1カ所だけでなく、2～3カ所決めておきたいもの。さらに家族が、その連絡先を知っておくようにしなければなりません。

また**固定電話や携帯電話より、公衆電話のほうがつながりやすくなっている**ことも覚えておきましょう。

電話回線が規制されたときは、公衆電話の回線を優先して、つながるようになっているのです。

阪神・淡路大震災のときは、公衆電話の前に長蛇の列ができました。ところが、あまりに多くの人が公衆電話を利用したため、電話機の中に硬貨が満杯になって、使えなくなった公衆電話もありました。そこで、**地震が発生したときの公衆電話は、無料で使えるようになったのです。**

この教訓は、東日本大震災のときに活かされましたが、硬貨がなくても電話がかけられるわけではありません。電話をかける前に、10円玉や100円玉を入れると電話がつながり、通話が終わって受話器を置くと、硬貨が戻る仕組みになっているのです。そのためにも、小銭はしっかり用意しておきましょう。

家族と連絡が取れないときは、遠方の親戚や知人を介して、メッセージを伝えてもらう。

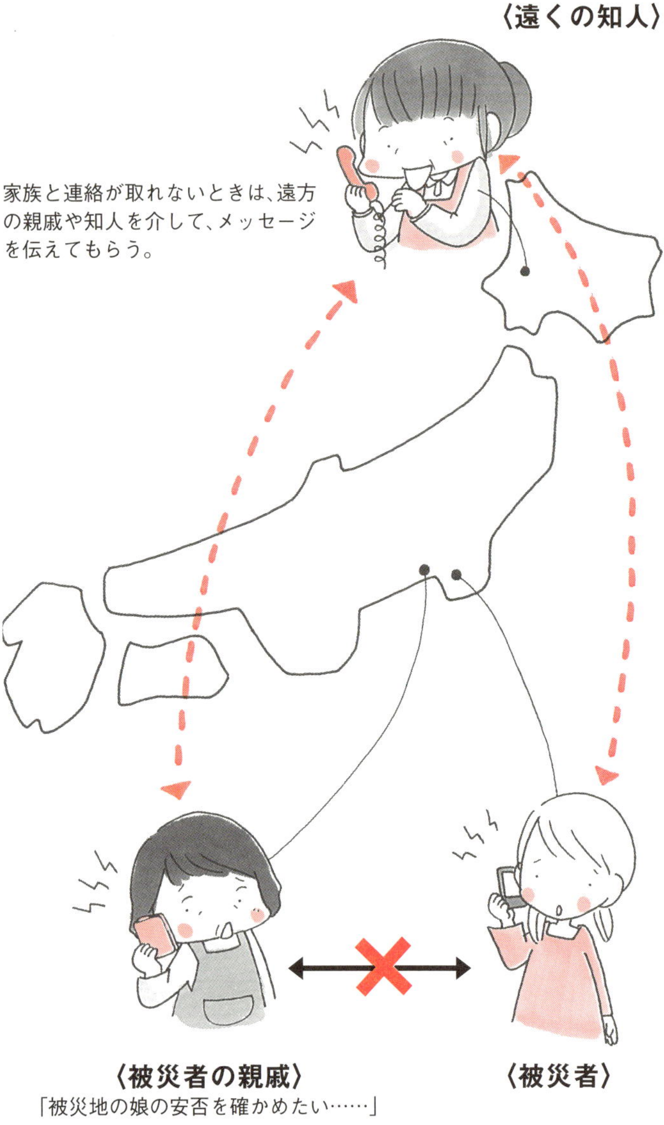

18 帰宅困難者になったとき

大地震に見舞われれば、交通網は寸断されます。平日の日中に大都市を大地震が襲えば、たくさんの帰宅困難者が出ることになります。

帰宅困難者とは、勤務先から自宅まで10キロ以上離れている人をいいます。中央防災会議の試算によると、「東京湾北部地震」で発生する帰宅困難者は１都３県だけで約650万人となっています。勤務先から自宅まで10キロ未満の人は含まれていませんから、実際にはそれ以上の人が街中にあふれ返るわけです。

東日本大震災のとき、震源地から遠く離れた首都圏でも交通機関がほぼ全面的に止まり、多くの帰宅困難者が出ました。開放された公共施設や会社で夜を明かした人も大勢います。何時間もかけて徒歩で帰宅した人もいますが、大地震が大都市を襲ったときは、こうはいかないでしょう。

道路には瓦礫が散乱し、車での移動は不可能です。帰宅途中、コンビニなどで食料を補給するのも困難かもしれません。川に架かっている橋も崩落している可能性があります。日が落ちてからは照明もなく、真っ暗闇になります。

震災時の帰宅には多くの危険がともなうので、**勤務先や外出先の施設内などにとどまるようにしましょう。**

状況が落ち着いて帰宅するときは、**ヘルメットを着用し、水や食料を持っていくようにしましょう。**

勤務中に被災したときは、無理せず、一夜を会社で過ごす。

歩いて帰宅するときは、運動靴を履き、ヘルメットやマスクなども着用する。水、食料も持参。

コラム I

3.11で首都圏にあふれた帰宅困難者

東日本大震災当日、東北地方だけでなく首都圏にも大きな被害がもたらされました。

そのうちのひとつが、ズタズタにされた交通インフラでした。首都圏の鉄道はストップしてしまい、そのため多くの通勤・通学者は、徒歩やその他の交通機関を利用せざるをえませんでした。

しかしタクシー乗り場には長蛇の列。何時間も待ってようやくタクシーに乗ったところで、道路は大渋滞。歩いている人のほうが速かったというケースもあったといいます。

首都圏での平均通勤時間はおよそ70分といわれていますが、当日はその７倍もの時間がかかったといいます。

混雑した道路事情のため、災害現場には、翌日まで救急車やパトカーなど、緊急車両の通行が困難になったという問題も発生しました。

この日、都内だけで350万人もの帰宅困難者が出ました。教訓として大震災時には、むやみに移動しないようにすることです。そして鉄道や集客施設では、利用者の保護に努めるよう条例を定めることになりました。

PART 2

大震災に備える

19 大震災に備えておくもの

大地震はいつ、どこで発生するかわかりません。イザというときのために、災害時に必要なものをあらかじめ用意しておきましょう（巻末付録参照）。

とくに水と食料は重要です。非常時に持ち出すものとして、水や食料は必ず常備しておきましょう。

ライフラインが止まったとしても、避難しなくてもいい場合もあります。家で待機することも想定しておきましょう。この場合、**水や食料は、１週間から10日間分はストックしておきたいものです。**

ストックした水や食料には賞味期限があります。賞味期限が迫ったら、普段の生活のなかで少しずつ消費しながら、その分補充していくようにしましょう。なお、水に関しては、風呂の水やプールの水でも飲料水にできる専用の濾過機なども防災用品として売っています。

とっさに**持ち出すものと、あとから必要になるものを分けておきます。持ち出すときは、両手が自由になる防災ベストやリュックが便利です。水など重いものを運ぶときは、キャリーバッグがいいでしょう。**

また、非常時用持ち出し品の保管場所にも気を配りましょう。イザというときに持ち出せなくなってしまっては元も子もありません。リスク分散で、数カ所に保管しておくことも大切です。

非常時用持ち出し品は、防災ベストやリュックに入れておく。

非常時用持ち出し品を入れた防災ベストやリュックは、
いつでも持ち出せる場所に置く。

20 会社にも防災グッズを備える

大地震に襲われるのは、必ずしも家にいるときとはかぎりません。昼間、会社にいるときに地震に襲われるかもしれません。

最近は防災意識が高まり、企業のなかには非常時用の水や食料を常備しているところも増えています。しかし、そういった企業はまだまだ少ないのが実情。できるだけ自分で対策を取るようにしましょう。

水や非常時用の食料のほかに、**夏場でも長袖シャツはロッカーに入れておくといいでしょう。**そして歩いて帰宅しなければならないときのため、**ヘルメットも常備しておきましょう。**

ハイヒールや革靴で被災地を歩くのも危険です。足元が不安定になるので、**厚底のトレッキングシューズなども用意しておきましょう。**

時には会社が避難所となり、しばらく滞在しなければならなくなる場合も出てきます。ロッカーだけでなく、それ以外にも保管場所に余裕があれば、数日分の水や食料、そして毛布といった防災用品を備えておきたいものです。

勤務先のビルでも配管が破損するなどで、水が止まったりトイレが使えなくなったりします。トイレや防寒対策などは、社員ひとりだけではどうにもならないので、会社に準備してもらえるよう提案しましょう。

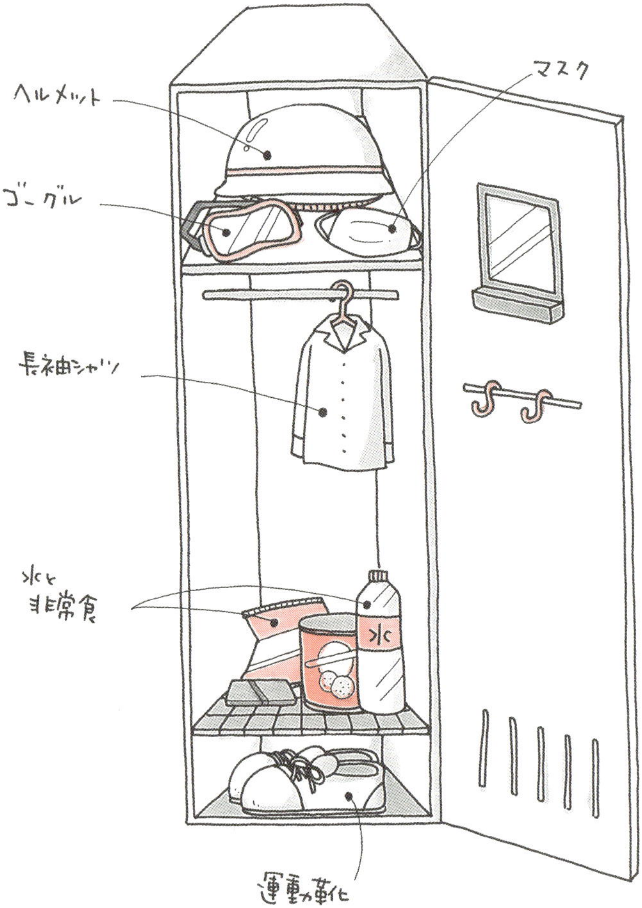

会社のロッカーにも非常時用の備品を入れておく。

21 ウイスキーや焼酎を備える

非常時用の持ち出し品に、**余裕があればアルコール度数の高い酒を用意しておくのもいいでしょう。**飲酒も気分転換になります。

ですが、注意しなければならないのは、泥酔して周囲に迷惑をかけないことです。そして、泥酔とまではいかなくても、あまり騒がないように心がけてください。とくに避難所では、アルコール禁止となる場合も多々あります。

また、自宅で飲む場合でも、依存症になるような飲み方は避けましょう。

避難所では、みんなが神経を苛立たせていることも考慮しなければなりません。

できれば、周囲に人がいない場所に移動しての飲酒が望まれます。酒瓶の蓋を開けただけで、周囲にアルコールの匂いが伝わるものです。気遣いを忘れてはいけません。

度数の高いアルコール飲料を常備しておくのは、実は別の目的もあります。ケガをしたとき、アルコール消毒の代用品としても使えます。アルコールランプのような、専用のコンロがあれば、燃料としても使えます。

また、気分転換という意味では、子どもは飲酒ができません。子どもや幼児が気分転換できる玩具なども用意しておきたいものです。

アルコール度数が高い酒は、ケガをしたときに傷口を消毒できる。

避難所生活で軽く飲酒し、気分転換を。

22 防災グッズは定期的に点検！

防災グッズを備えていても、そのまま何年もほったらかしにしている場合が多いようです。大震災が襲ってきたとき、役に立たなかったということがないようにしなければなりません。

水や食料には賞味期限があるので、定期的に取り替えるようにしましょう。

ときどき、非常時用食品を消費し、新しく購入してきた保存食を補充するようにしましょう。

水も長期間保存したままでは、飲料水に適さなくなります。

そして最も注意したいのが、電池。懐中電灯など電気を要するものは、たいてい電池で点けますが、長期間放置しておくと電池も液漏れなどで使えなくなってしまいます。**電池も定期的に取り替えるようにしましょう。**

また、見落としてならないのは、電球のチェックです。あるいは、電池を必要としない電灯を用意しておくのもひとつの手段です。

ときどきチェックしなければならないのは、食料品だけではありません。たとえば、ガスが止まったときのために用意したカセットコンロ。**カセットボンベは、あまり古くなりすぎると危険なので、ときどき交換しましょう。**

常備してある非常時用持ち出し品は、定期的に点検する。

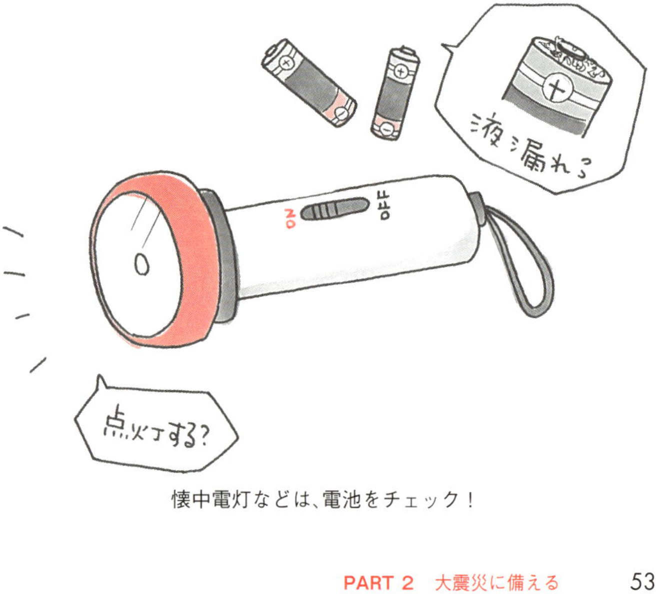

懐中電灯などは、電池をチェック！

23 どのような危険があるのか知っておく

大地震が襲ってきたときの危険は、さまざまです。火災や津波、土砂崩れなどなど。そこで、**自宅や職場にはどんな危険が潜んでいるのか、「ハザードマップ」で確認しておきましょう。**

ハザードマップは、市区町村などの自治体が作成・頒布しており、役所に行けば入手できます。

今までハザードマップの作成には、消極的な自治体も多くありました。とくに観光地などでは、観光客の足が遠のくといった懸念があったからです。

しかし1995年の阪神・淡路大震災をきっかけに、その考え方が改められ、自治体も積極的にハザードマップの作成に乗り出すようになったのです。

大地震のみならず、地域の特性に合わせて、火山の噴火や津波などが起こったとき、どうすれば安全に避難できるかといった情報が、マップ上で示されています。**避難場所や避難経路、ケガをしたときの医療機関も載っているので、一度は目を通しておきましょう。**

身近にどのような危険が潜んでいるかによって、初動対応や避難行動、非常時用持ち出し品も変わります。

家族全員が揃ったところで、リスクの認知と対応について確認し合いましょう。

自宅の周りに、どんな危険が潜んでいるか、あらかじめチェック。

役所には、その地域に起きやすい災害を記した
ハザードマップが置いてある。

24 避難所への道順を確認する

自宅、あるいは職場近くの避難所を確認したら、一度は実際に歩いてみて、ルートを確認しておきたいもの。

大切な家族の命がかかっている重要なことですから、できれば**家族で避難所まで歩いてみましょう。**避難所は、救援物資が最優先で配布される場所なので、たとえ避難の必要がないときでも、場所だけは知っておきたいものです。

昼と夜ではまったく風景が違って見えるので、その両方を歩いてみることです。災害時には、電気のインフラが止まっていることが考えられるので、その点も留意しておきましょう。普段以上に慎重に歩くことを心がけましょう。

また、災害時には道路が瓦礫などで通れなくなっていることも想定されます。できれば**複数のルートを確保しておくことです。**

非常時は、普段なら近く思える道のりでも、重い荷物を持っていたり、焦っていると遠く感じるものです。だからこそ、普段の避難訓練が重要になってきます。

また、避難ルートにも災害時には、思いもよらない危険が発生しているかもしれません。ハザードマップであらかじめその危険を予測し、対策を練っておくことも必要です。

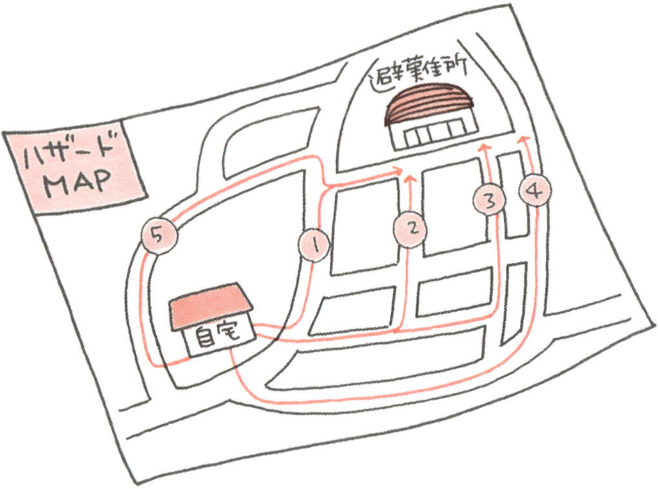

ハザードマップで自宅から避難所へのルートをチェックしておく。

昼と夜、実際に避難所への避難ルートを歩いてみる。

25 埋立地は震災被害が大きくなる

東日本大震災では、液状化現象による被害もクローズアップされました。液状化現象とは、水分を多く含んだ土壌が激しく揺さぶられることによって、地表に泥水があふれ出る現象です。

舗装した道路が陥没したり、建物が傾いたりする被害が出ます。配管の損壊によりガス、上下水道といったインフラも被害を受け、住民は不自由な生活を強いられることになります。

かつて海だったところを埋め立てたデルタ地帯などは、液状化現象が発生しやすくなります。

液状化現象といえば、デルタ地帯や埋立地といった海に近い場所に起こりがちというイメージがあります。しかし、東日本大震災のときは、茨城県や千葉県の内陸部でも発生しました。**池沼や水田を埋め立てた場所でも液状化現象は起こることがあります。**

このような場所は、揺れも大きくなりがちです。自宅の敷地が昔、どのような状況にあったのかは、防災面からも重要なポイントとなります。

これから引っ越したり、家を買う計画があるときは、この点も考慮に入れることです。液状化現象を食い止めることは不可能です。リスクの高い場所に住んでいるときは、地盤強化など「減災」に努めるしかありません。

埋立地は、大地震のとき液状化現象が起きやすい。

液状化現象が起こると、家屋が傾いたり、地盤沈下が！

26 丘陵地にもこんな危険がある

東日本大震災では、津波による被害が大きかったため、高台移転がクローズアップされました。

確かに高台であれば、デルタ地帯や埋立地と違って、地盤が軟弱である確率は低くなります。

しかし、高台であれば、すべてが安全かというと必ずしもそうではありません。土砂崩れの危険性についても十分にチェックしたいところです。

とくに丘陵地を住宅地に造成したようなところでは、「切り土」した場所と「盛り土」した場所に分かれます。**「盛り土」した場所に住宅が建っている場合は、要注意です。**大きな揺れに対し、土砂崩れが起こりやすくなり、しかも**建物が水平に沈下するのではなく、一部が大きく沈み込む「不同沈下」で、被害が出やすくなります。**

「切り土」の場所は、不同沈下のリスクは低くなりますが、上からの土砂崩れのリスクは残ります。

土砂崩れを防ぐために、「擁壁《ようへき》」という鉄筋コンクリートなどで造られた壁があります。その強度が十分かどうかもチェックしたいところです。もし、擁壁がないようであれば、設置することも検討しなければなりません。

不同沈下が起こったあとは、家の中が水平になっていないので、建物そのものに大きな損傷はなくても、非常に住みにくくなります。

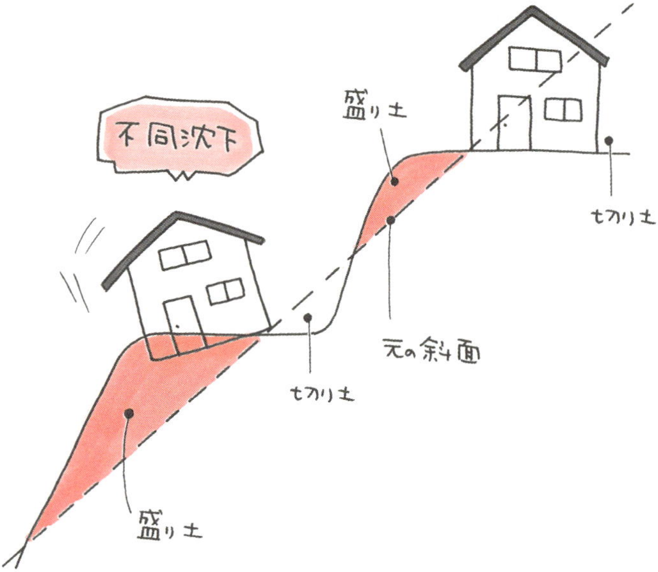

傾斜地を造成した場所では、土砂崩れが起きやすい。

27 震災被害を最小限にする家具の選び方

耐震性の強い家屋で、強い揺れに耐えたとしても、部屋の中の家具が倒れたりして、ケガをすることもあります。

そこで地震に強い家具を選び、室内での被害を少しでも減らすようにしましょう。

まず**奥行が浅いタンスは倒れやすく、また上下２段に分かれている洋服ダンスなども避けましょう。**上段のタンスが落下する危険性があります。

16ページでも述べましたが、高層マンションの上階では、揺れが大きくなり、キャスターが付いている家具などは、部屋の中を猛スピードで動く可能性があります。壁に挟まれて大ケガをしたりするので、フックなどで壁に固定しておきたいものです。

ガラス戸が使われているような家具も、防災面ではあまりオススメではありません。オシャレな食器棚などはガラスを多用して作られていますが、防災面では、あまりオススメできません。

天井に取り付ける照明器具は、ピタッと天井に取り付けるものにしましょう。**吊り下げ式の照明器具は、落下の危険性が大です。**吊り下げ式の照明器具を使うときは、チェーンなどで固定することです。

奥行が浅いタンスは、倒れる危険が大きいので選ばない。

2段に分かれているタンスは、上段が落下しやすいので選ばない。

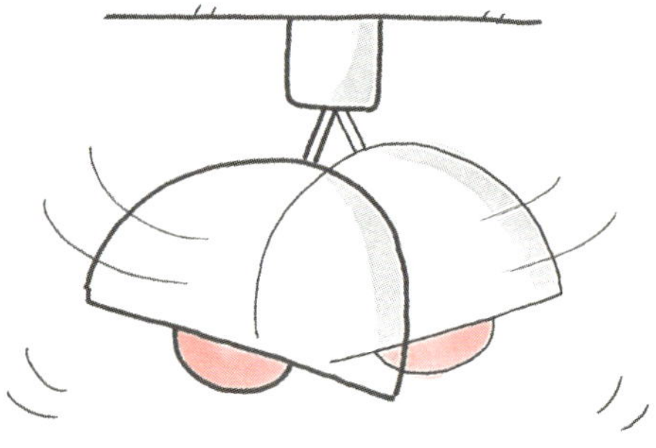

吊り下げ式の照明器具は、落下しやすいので使わない。

28 家具の配置による危険度

家具の配置も、それこそ生死を左右するほど地震対策において、大きなポイントになります。

大地震が襲ってきたとき、体験者の多くが、「部屋が揺れるというより、激しくシェイクされているようだった」と言う証言を残しています。

部屋の中の物が、落ちてくるというより「飛んできた」という感じだったと言います。

普段生活するリビングや寝室には、あまり家具を置かないようにしましょう。また、**子ども部屋や高齢者が過ごす部屋にも、大きな家具は置かないようにしましょう。**

とくに**寝室には、ガラス戸がついた家具は、絶対に置かないようにしましょう。**

やむをえず寝室に家具を置くときは、転倒したとしても、寝ているところに落ちてこないように、布団やベッドと並列になるような配置にして固定します。

安定性に欠けるので、絨毯《じゅうたん》や畳の上に、大きな家具を直接置かないようにしましょう。どうしても置きたいときは、広めの板を敷くようにします。

また大きな家具が転倒して、ドアが開かなくなるような位置には置かないようにしましょう。

寝室のタンスは、ベッドや布団と並列になるように配置する。

部屋の出入口近くに大きな家具は置かない。

29 家具の上に大きな物を置かない！

家具のガラスは、大地震のときは凶器となって飛んできます。**サイドボードや食器棚、窓ガラスなどが強化ガラスでないときは、飛散防止フィルムを張っておきます。**

家具の上に大きな荷物、金属製のもの、花瓶などのガラス製品は置かないことです。落下してきたときの衝撃や割れたガラス片などが、被害を大きくします。

食器棚の中の食器の下には、滑り止めシートを敷くようにしましょう。大きな揺れがきても食器が飛び出すのを防いでくれます。

また**家具の中に物を収納するときは、できるだけ重い物を下のほうに収納するようにしましょう。**

エアコンも寝室に設置するときは、頭上に落ちてこないような位置に取り付けるか、布団やベッドの配置を工夫しましょう。

なお、壁や柱の強度が弱いと、家具への対策を行なっても意味をなさないかもしれません。地方自治体などでは、家屋の診断を補助したり、補強工事への補助制度があったりします。

対象は、老朽化した家や高齢者世帯となっていることが多いようですが、ホームページなどで地元の自治体の補助制度を調べてみましょう。

家具の上に大きな物は置かない。

エアコンなどは、落下しても寝ている頭部に当たらない場所に設置。

30 転倒防止の対策

耐震工事、免震補強はかなりの費用がかかるため、すぐに対処できないときは、ある程度の揺れに対して、被害を最小限に抑える部屋作りを考えなければなりません。

部屋の中で被害を大きくするのは、家具の転倒です。

直下型の大きな揺れが襲ってきたとき、家具が倒れるまでほんの数秒しか時間がありません。地震が起きてから家具の転倒を防ごうとしても、ほぼ不可能です。転倒を防ごうとして家具を手で押さえたりするのはかえって危険です。

今すぐ安全な家具に替えられないとしても、転倒防止の対策を立ててください。家具を固定したり補強したりすることによって、安全性を高めることができます。

上下2段に分かれている家具は、上下のつなぎ目を金具や専用のテープで固定します。

家具と天井の間の隙間を専用器具で埋めることによって、転倒防止対策となります。

家具をL字型固定器具などで固定する場合は、柱や壁の強度を確認しましょう。

家具やテレビなどは、固定器具で転倒防止を。

31 燃えにくい素材を選ぶ

地震で大きな被害を出す原因のひとつに火災があります。そこで大地震に見舞われても火災を出さないように、あらかじめ対策を立てておきましょう。

カーテンや絨毯、布団やマットレスの素材をチェックしておきます。これらの製品を新しく購入するときは、難燃性の素材でできているものを選びましょう。

「防炎ラベル」がついている製品は、難燃性の防炎素材でできています。

たとえば、石油ストーブが倒れたときや火がついたままのタバコが落ちたとしても、防炎性のある絨毯であれば、火が燃え広がりにくくなっています。

化学繊維を使用している製品は、火が燃え移ったときに有毒ガスを発生します。

布団などでアクリル系、ウレタン系の素材を使った製品に火が移ると、一酸化炭素といった有毒ガスを発生します。火災が起きて焼死したとされる場合も、その多くは有毒ガスを吸い込んだことが死因となっています。

すでに使っている製品で可燃性の素材でできているものでも、**クリーニング店などで、防災加工処理するといいでしょう。**防炎加工処理が終わった製品には、防炎マークがつけられています。

カーテンやカーペットを燃えにくいものに。

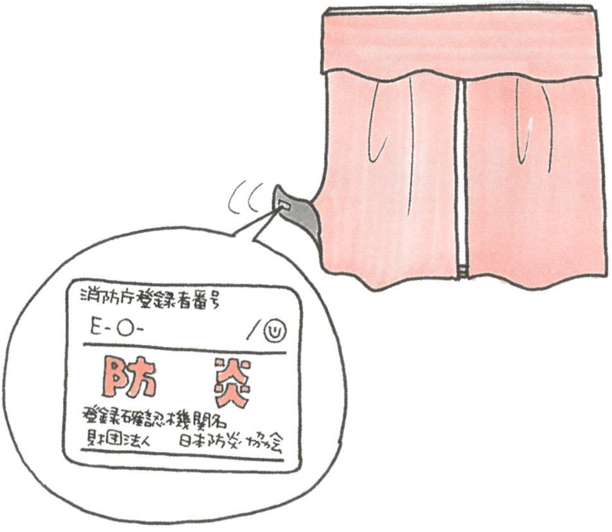

防炎ラベルがついているかチェック！

32 地震保険はどこまでカバーしてくれるのか

地震によって家が全壊、半壊したとき、その補償をしてくれるのが地震保険です。地震保険単独では加入できず、火災保険などのオプションとなります。

地震が原因による火災での損害は、火災保険では補償されず、地震保険でしか補償されません。

地震保険の対象は、住宅のほか、家財も含まれます。ただし、自動車は補償の対象にはなりません。普通の自動車保険でも補償されず、地震による損傷をカバーしてもらいたいときは、自動車保険の「災害特約」に加入しなければなりません。

どの自然災害まで補償してもらえるのか、どこまで補償してもらえるのかは、保険会社によってまちまちなので、あらかじめ加入前にチェックしておきましょう。

注意しなければならないのが、**補償される金額には上限がある**という点です。

保険金額は、火災保険の30～50%となり、具体的に火災保険で家屋に1000万円の保険をかけたケースでは、地震保険の保険金額は300～500万円となります。建物で5000万円、家財で1000万円が上限となります。

しかし、地震保険に加入していた被災者の多くは、「加入していてよかった」と感じているようです。

日本損害保険協会の地震保険

被害状況	支払われる保険金額	支払われる条件
全損	契約金額満額 （ただし時価が上限）	主要構造物（土台、壁、柱、屋根等）の損害額が時価の50%以上。または焼失・流出した部分の延べ床面積が、建物の延べ床面積の70%以上のケース
半損	契約金額の50% （時価の50%が上限）	主要構造物の損害額が時価の20〜50%未満。または焼失・流出した部分の延べ床面積が建物の延べ床面積の20〜70%未満のケース
一部損	契約金額の5% （時価の5%が上限）	主要構造物の損害率が時価の3〜20%未満。または建物が床上浸水や地盤面より45㎝を越える浸水を受けて損害が生じたケース

コラム Ⅱ

危険な密集市街地

大地震が襲ってきたとき、被害が大きくなるのは、津波のほかに火災があります。とくに古い木造住宅地が密集する地域は、火災が発生、延焼しやすく危険な地域といえます。

国土交通省は2012年10月、地震発生時に火災の危険性が高く、逃げ遅れがちな「著しく危険な密集市街地」を発表しました。

これによると「著しく危険な密集市街地」は、全国17都府県に計5,745ヘクタール、197地区もあるといいます。調査は木造住宅の割合が高い地域、住宅密集地などのほかに、道路幅の狭い地域、行き止まりが多い地域なども集計しました。

このような地域は、火災の延焼が起きやすいだけでなく、火災時に消防車が入りにくいといった難点もあります。地域別では大阪が11地区2,248ヘクタールと最も広く、次いで東京の113地区1,683ヘクタール。以下、神奈川25地区690ヘクタール、京都13地区362ヘクタールと続きます。

国土交通省では、2020年度までに密集市街地の解消、建物の不燃化や耐震化、道路の拡張といった対策などで、危険を解消する方針。

PART 3

津波や
火山噴火にも
備える

33 地震のあとに津波が襲ってくる！

東日本大震災で被害を大きくしたのは、揺れそのものよりも、地震のあとに襲ってきた津波です。

「津波」という文字から「大きな波」というように思われがちですが、波というより海水の「巨大な山」と、とらえたほうがいいかもしれません。その爆発的なエネルギーは、家屋やビルをそのまま押し流してしまうほどです。

たとえば岩手県釜石市には、2009年に津波対策として巨大な防波堤が建設されたばかりでした。しかし、高さ８メートル、幅20メートルのこの防波堤は、全長２キロのうち800メートルにわたって破壊されたのです。津波に巻き込まれた場合、助かる確率はきわめて低いのです。

大きな地震のあとは、海岸近くに住んでいる人は、津波警報にも注意して、津波が襲ってくる危険があるときは、**海岸から少しでも遠く、できるだけ高いところに避難しましょう。高台がないところなら、少しでも高い鉄筋コンクリート造りのビルに逃げ込みましょう。**

長年にわたって何度も津波に襲われてきた東北地方には、「てんでんこ」という言葉があります。これは、**津波が襲ってきたときは、たとえ身内であってもかまわずに、とにかく「１分１秒でも早く逃げろ」という教えです。**それだけ津波が襲ってくるスピードは速く、また破壊力には凄まじいものがあります。

津波が襲ってきたら、高台や高層ビルの上階など、高い場所に逃げる。

津波がきたら、他人のことをかまっている余裕はない！

34 津波に巻き込まれたら

気をつけなければならないのは、たとえ**地震そのものの揺れが小さくても、大きな津波が襲ってくる可能性がある**ということです。震源地が遠く離れている場合、揺れそのものは大きくありません。しかし、津波はかなり遠くまで大きな破壊力を持ってやってきます。

極端なケースをあげると1960年、日本から見たら地球の裏側で発生したチリ地震。このときの揺れは、もちろん日本では観測されませんでしたが、そのとき発生した津波はおよそ22時間かけて日本に到達。三陸地方に大きな被害をもたらしました。

地震が発生したときは、津波情報にも注意しましょう。

注意しなければならないのは、**津波は第一波が襲ってきたあとに、第二波、第三波とやってくる場合がある**ことです。しかも、第二波、第三波のほうが大きいこともあります。

また、**津波が襲ってきたら、「横の路地に逃げ込む」というのもひとつの手段です。**海からまっすぐ襲ってくる津波も、建物の横の路地に流れ込むときは、スピードも破壊力もやや落ちます。そして、**できるだけ高いビルの上に逃げ込みましょう。**実際、これで助かった人もいました。

それでも、もし津波に巻き込まれたら、大きな漂流物が近くにあれば、それにつかまってください。

南海トラフの巨大地震による最大10m以上の津波が予測される11都県

最大値とその自治体	
東京都（新島村）	29.7m
静岡県（下田市、南伊豆町）	25.3m
愛知県（豊橋市）	20.5m
三重県（鳥羽市）	24.5m
和歌山県（すさみ町）	18.3m
徳島県（海陽町）	20.3m
愛媛県（愛南町）	17.3m
高知県（黒潮町）	34.4m
大分県（佐伯市）	14.4m
宮崎県（串間町）	15.8m
鹿児島県（屋久島町）	12.9m

南海トラフの巨大地震による想定される津波被害も、さらに引き上げられた。
10m超の津波は、11都県を襲うと想定される。最大値は、その都県内におけるもの。
（内閣府が発表したデータをもとに作成）

35 火山の噴火も誘発する

大地震による被害を想定したとき、火山の噴火を外すわけにはいきません。

右の表のように大きな地震のあとには、誘発されて火山が噴火している場合も多いのです。日本でも江戸時代の宝永地震（1707年、マグニチュード8.6）の49日後に、富士山の宝永の噴火が起こっています。ちなみにマグニチュード（以下M）は、地震そのもののエネルギーの大きさを示し、震度はそれぞれの場所の揺れの度合いを示します。

大きな揺れが地下のマグマ溜まりを刺激して、噴火を誘発するのです。火山を炭酸水入りペットボトルにたとえると、ペットボトルが火山そのもの、中の炭酸水がマグマというわけです。この炭酸水入りペットボトルを激しく振ってキャップを開けると、中の炭酸水が勢いよくふき出します。これと同じようにマグマ溜まりが激しく揺さぶられると、火山性ガスが発生し、地下の圧力が高まり、マグマが地表にあふれ出るというわけです。

逆に、大地震の前に火山の噴火が予兆として起こることも考えられます。関連性ははっきりしていませんが、東日本大震災のおよそ１カ月前に九州・霧島連山の新燃岳が噴火しました。

火山の噴火予知の研究も進められています。地震予知と同じように注意したいものです。

地震のあとには火山の噴火が起こりやすい

カムチャツカ地震（ロシア）
1952年11月4日
（M9.0）

↓ 翌日

カルピンスキ火山噴火

アラスカ湾地震（アメリカ）
1964年3月28日
（M9.2）

↓ 2カ月後　1964年5月

トライデント火山噴火

スマトラ島沖地震（インドネシア）
2004年12月26日
（M9.2）

↓ 4カ月後

タラン火山噴火

36 富士山噴火は想定内！

今、日本列島を襲う地震でとくに気をつけなければならないひとつに、「東海地震」「東南海地震」「南海地震」の三連動地震（「南海トラフ巨大地震」）があげられます。

この三**連動地震、あるいは東海地震が単独で発生したときでも、富士山噴火を誘発する確率は高い**と、多くの専門家が指摘しています。富士山噴火は、いつ起きてもおかしくはないと考えておきましょう。しかし、富士山噴火の可能性に触れることは、長年タブーとされてきました。

1982年８月、気象庁ＯＢが執筆した富士山噴火に関する書籍が刊行され、30万部を超えるベストセラーに。

ところが富士山噴火の予測に、観光客が激減。山梨県側だけでも３億円以上の風評被害が発生しました。そのため、富士山噴火の可能性について研究することや、対策を立てたり避難訓練を行なったりすることすらタブー視され続けてきました。

状況が変わったのは、2000年以降。噴火の予兆とされる低周波地震が頻発したことによります。富士山噴火を想定した避難訓練が行なわれるようになりましたが、さらに2011年の東日本大震災後も、富士山噴火に対する危機感はいっそう強まっています。

東海地震のみならず、三連動地震の可能性が指摘され、想定被害も修正されるようになったからです。

噴火や震災による風評被害

1982年 『富士山噴火』の出版	●観光客激減 ●山梨県側だけで 3億円以上の風評被害
2000年 有珠山の噴火	●年間観光客 噴火前 360万人 → 噴火後 130万人　回復に 約4年
2004年 新潟県中越地震	●佐渡島などは 被害軽微だったにもかかわらず、 観光客のキャンセルが、続出 ●風評被害は一時的ですぐ回復へ

37 被害も「日本一」の富士山噴火

火山噴火による被害には、「火山灰」「噴石」「火山弾」「溶岩流」「火砕流」「岩なだれ」「泥流」があげられます。日本各地にある火山に、どのような危険性があるのか、各自治体のハザードマップで確認できるようになっています。

日本に数ある活火山のうち、これらすべての火山被害が想定されるのは富士山だけです。さらに**「富士は日本一の山」といわれるだけあって、被害規模も日本最大級になることが想定されています。**

たとえば噴火の際の噴出物も、2000年の三宅島大噴火では800万立方メートルだったのに対し、富士山の前回の噴火「宝永の大噴火」では、推定８億5000万立方メートルにも上ります。ケタ違いの被害が想定されるわけです。

宝永の大噴火のときは、溶岩流や火砕流によって近隣地域に大被害をもたらしています。さらに約100キロ離れた江戸にも、噴火から約10日間にわたって火山灰が断続的に降り注ぎました。

この火山灰は細かいガラス片の粒子に近く、車のボンネットに積もった灰を手で払うと、車体に傷がつくほどです。

富士山が噴火し、火山灰が西風に乗れば、２～３時間で首都圏に届きます。この火山灰は健康被害だけでなく、都市のインフラにも重大な悪影響を及ぼします（右の表参照）。

火山灰による被害

健康被害

呼吸器官……気管支炎　喉の痛み

目……角膜剥離　結膜炎

皮膚……炎症　かゆみ

インフラへの被害

鉄道……車輌、レールに障害

航空……降灰地域では空港閉鎖

道路……降灰5㎝以上で通行不能

水道、電気……使用不可能も

（内閣府より）

コラム III

地震予知はどこまで可能か

2012年10月、日本地震学会は「予知」という言葉の使い方を改めると発表しました。これは地震が発生する直前の自然現象などから、「予知」し警報を発令するのは、現在の研究レベルでは不可能と判断したためです。

そして中長期的な地震発生確率などは「予知」とはいわずに、「予測」というようにしました。これは東日本大震災を事前に予知できなかったことへの批判が集中したこと、そしていかに地震の予知が困難かを物語っています。

大地震が発生する直前に、よく、動物などの行動に異常が見られるとか、通称「地震雲」が発生するなどといわれています。たとえば、大量のミミズが道路に這い出してきた、ナマズが暴れる、ヘビが冬でも地上に出てくるなど、実際はどうなのでしょうか。

実はこれらの予測法は、データが少ないため、科学的に実証されていないのです。ただし、大地震が起こる直前に、強力な電磁波が発生するといわれています。この電磁波が、動物などに影響を与えるということも考えられなくもありません。

このあたりの予測は、今後の研究しだいです。

PART 4

被災したあとの生活を考える

38 水を確保する

被災状況がどんな状況であれ、まず命をつなぎとめるために必要なものが、水と食料です。とくに水は毎日の生活に欠かせません。

どんな大震災でもいずれは、救援物資が被災地に届きます。それまで生きながらえるために、最低限の飲料水を確保しなければなりません。

１日に必要な水の量は、２～３リットルと思ってください。そして、およそ１週間から10日で、救援物資が届いたり、ライフラインが復旧します。しかし、水のストックがあったとしても、できるだけ節約して使いましょう。

トイレで水を流すときは、**風呂の残り湯、または川の水や井戸水を使います。**飲料水に使える水は使わないようにしましょう。

飲料水のストックが尽きて、断水が続いているときは、それこそ川の水や井戸水を飲料水として使わなければなりません。そのまま飲むのではなく、**キッチンペーパーやコーヒーフィルターで水を濾過《ろか》し、さらに一度煮沸してから飲むようにしましょう。川の水は浄水器で濾《こ》したあとに沸騰させます。**

食器類は洗わずにすむようにサランラップを巻いて使用し、食べ終わったあとラップを捨てます。皿を洗う分の水を節約することができます。

川の水や井戸水をキッチンペーパーやコーヒーフィルターで濾過する。
さらに煮沸して飲料水に。

トイレで水を流すときは、川の水で。

39 マンションやビル内では水を流さない

マンションでは、同じ配管から各部屋へ上下水道が分かれています。地震の被害によって給排水管に亀裂が入っていることがあります。このようなとき、生活用水を流したりすると、下の階の部屋に漏れ出してしまいます。

これはオフィスビルなどでも同じことで、配管の状態が確認できるまで、水を流すことは避けましょう。ビルやマンションなど、外観はさほど損傷がないように見えても、内部で損傷が発生していることがあるので、見かけだけで判断してはいけません。

非常時用に浴槽に水を溜める場合は、八分目程度にしましょう。大地震で揺れ、あふれ出るのを防ぐためです。

風呂、トイレ、炊事、洗濯での排水は一切控えます。

入浴は水の節約の意味も込めて、できるだけ控えましょう（対処法は次項）。**水を使わずに過ごせる歯みがきシート、体を拭くウェットタオル、水のいらないシャンプーなどを用意しておいてもいいでしょう。**

料理したあとの水は、どこかに一時保管して、安全が確認されたところで流すようにしましょう。

洗濯の水も一時保管しておき、川や下水などに直接流すことができるようであれば、処理します。

しかし、高層ビルの上層階では、下まで運ぶのも大変。植木に水やりするなど水処理方法も考えておきましょう。

マンションでは、浴槽の水は流さず、溜めておく。

使った水は、植木などにやる。

排泄物は紙おむつなどを使って、ゴミとして処理。

40 入浴できないときは？

人間は長時間入浴しないと、新陳代謝が悪くなり、肉体的にも精神的にも疲労がたまりやすくなります。

とくにイライラがつのり、ただでさえ苦しい被災地生活に輪をかけることになります。

しかし、前項の水を流すことができないという理由のほかに、水（湯）そのものがない、家が倒壊して避難所生活を強いられているといった理由で、長期間入浴できない状態が続くことがあります。

精神的にも負担が大きくなるので、工夫をして、体を衛生的に保つようにしましょう。

このときに**役立つのがウェットタオルやガーゼです。**タオルを使って体を拭くとなると、水を多く使わなければなりませんが、ガーゼなら吸水性がよく、ほんの少量ですみます。

このときに注意したいのは、特定のポイントに絞って拭くことです。

目の周りや鼻、耳の後ろ、首筋、脇の下、手足の指の間など細かく拭き取りましょう。

コツは**ガーゼを指に巻いて少量の水を含ませて拭くことです。**これだけでも爽やかな気分になり、スッキリします。大量の水を消費することなく、入浴と同じような効果を得ることができます。

入浴できないときは、水を浸したガーゼを指に巻いて、体を拭く。

41 腹が減っては……！

水と同様に食料も命をつなぐためには、必要不可欠なものです。ですからイザというときのために、普段から食料備蓄を心がけることです。

そのときに注意したいのは、まず**調理の手間がかからない食料を用意しておくことです。**被災地では、火や水を使うにもかなり制限が出てくるからです。

備蓄量は、10日分は確保しておきます。

被災したあとは、精神的なショックから食欲をなくしてしまいがちです。しかし被災後を生き抜くには、体力を保持しなければなりません。**わずかでも食べ物を口にするようにしましょう。**

好物のお菓子などを一口でも口にすれば、それが「誘導食」となり、食欲がわいてきます。

被災したときの食事でとくに気をつけたいのは、できるだけ食料を節約したいという思いから、

「あとに残しておこう」

「明日にとっておこう」

などという意識が強く働くことです。しかし、節約して日にちが経てば、食中毒を引き起こす要因になるので避けましょう。

お菓子でも「誘導食」として食べると、食欲がわく。

食べ残しは取っておかない。

42 トイレはどうするの？

避難所生活では、トイレで用を足すのも不自由になります。簡易トイレが設置されたとしても、利用者が圧倒的に多くなり、管理が行き届かなくなります。トイレの中もぐちゃぐちゃの状態になり、悪臭もひどくなります。照明も少ないので、夜は懐中電灯などを持って使用することになります。

トイレを我慢するあまり、体調を壊す場合もあるので、トイレの対策は重要です。

避難所は学校や公共施設が当てられますが、校庭などに穴を掘った「臨時トイレ」が設置されることもあります。プライバシーを守るために、ブルーシートなどで四方を囲います。

しかし、穴を掘ったトイレに排泄物を埋めるのは、考えものです。あとでその場所を使う人々に大きな迷惑がかかるからです。**排泄物は成人用おむつなどで処理し、ゴミとして扱うようにしましょう。**黒いポリ袋に入れて、消臭剤をかけて密封すれば万全です。

また**小用なら、男性は空いたペットボトルなどで済ますといった工夫もいいでしょう。**

ドライブ用に販売されている使い捨ての携帯トイレなどを用意しておくのもいいでしょう。場所もとらず価格も安いので、事前に試しておくといいかもしれません。

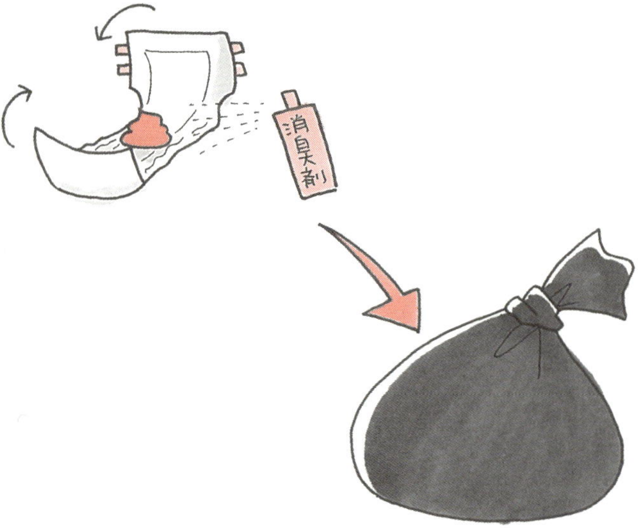
消臭剤

紙おむつで排泄物を処理。
大きい黒いポリ袋に入れ、消臭剤をかけて袋を密封する。

空いたペットボトルを
トイレがわりに

空いたペットボトルなどで、小用をすることも。

43 身の回りのものを役立てる知恵

いくら普段から防災に気をつけていても、イザというときには、いろいろ不便を感じるものです。

たとえば防災グッズを備えていても、必ずしも役立つとはかぎりません。電池が切れたり、数が足りなかったりするときもあるからです。そのようなとき、生き残るためには「知恵」が必要になってきます。

具体的には、生活に不足しているものは、身の回りのものを役立てて「応用」するようにしましょう。

たとえば、１枚の**ハンカチやバンダナを包帯や止血帯代わりに使ったり、レジ袋を加工して三角巾代わりに使う**など、工夫してみましょう。

とくにハンカチより大きいバンダナは、いろいろな使い方に応用できます。災害後は粉塵が舞い上がっていることが多いので、そのときはマスクとしても使えます。

寒いときはマフラーとして、避難所などで眠くなったときは、アイマスクとしても使えます。

２階から１階に避難したいとき、あるいは重いものを牽引したいときには、ロープが必要です。**ストッキングをロープ代わりに使うこともできます。**横への力にはすぐ伝線するなど弱いのですが、縦への力には意外に強いのがストッキング。ストッキングの両脚の部分を寄り合わせて、ロープとして使いましょう。

レジ袋を三角巾代わりに使う。

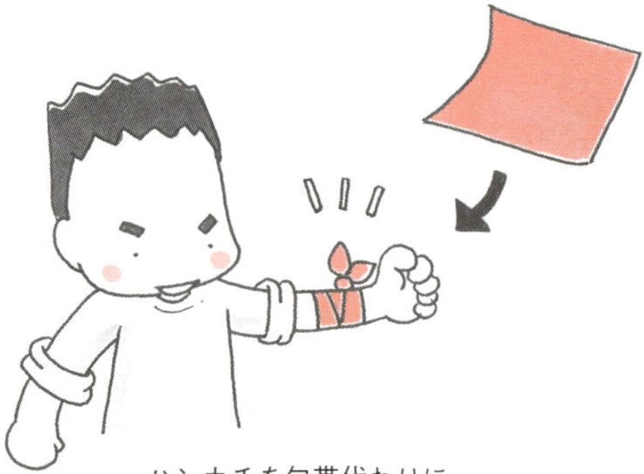

ハンカチを包帯代わりに。

サランラップを包帯代わりに。

44 避難所では健康管理が重要！

自宅に住めなくなったときや、二次災害の恐れがあるといった場合など、避難所で過ごさなければならない場合も出てきます。避難所には学校や公民館といった施設が当てられますが、もともと住居用として設計されていないため、長時間過ごすには不便なところも多々あります。

狭いところに大人数が押し込められるかたちになるので、窮屈な姿勢を長時間にわたって強いられることになります。同じ姿勢を続けていると、足の静脈に血栓（血の塊）ができてしまいます。この血栓はいわゆる「エコノミークラス症候群」を引き起こす原因となり、最悪の場合、死に至ります。

適度な運動をして、長時間、同じ姿勢を取らないことで、エコノミークラス症候群の予防策となります。車中など、あまり身動きできないような場所であれば、**足首を動かすだけでも十分な対策となります。**

たとえば、座ったまま足を伸ばし、足の先で自分の名前を空中に書くなどしてもいいでしょう。

また長い避難所生活は、精神的にも非常に辛いものとなります。アロマオイルやフラワーエッセンスなど、香りのいいものを嗅ぐだけでリラックスできます。もし、余裕があれば用意しておくといいでしょう。

また、**水分をまめに補給することも忘れずに！**

屈伸運動や足首、ひざを回すといった運動を。

まめに水分を補給する。

45 自家用車で寝泊まりするには

1カ所に大勢で寝泊まりする避難所生活は、プライバシーを守ることが困難で、ストレスもたまりがちです。そこで、避難所の駐車場などに停めた自家用車の中で寝泊まりする人も出てきます。

一時的に車を住宅代わりに使う場合、注意しなければならない点がいくつかあります。

まず、前項で紹介したエコノミークラス症候群に対しては、避難所生活より、よりいっそう注意が必要でしょう。たとえ窮屈で身動きできないような姿勢でも、少しでも足先などを動かすようにしましょう。

また、とくに冬場は暖房のため、エンジンをかけっ放しにしがちですが、これも危険です。

寝ているときに、うっかりアクセルを踏み込まないともかぎりません。**サイドブレーキがしっかり効いているか、確認しましょう。**

たとえ**寒くてもエンジンは切り、毛布をかけるなど防寒対策を万全にしましょう。**エンジンをかけっ放しだと、フロアに穴が開いているなどで、車内に排ガスが流れ込む恐れもあるからです。

自家用車の中では、エンジンを切り、サイドブレーキもかける。

時折、車外に出て軽い体操を！

46 子どもの健康に注意する

避難所生活で配慮が必要なのは、子どもや高齢者、障害者といった弱者です。避難所生活への適応が困難なことが多く、支援が必要です。とくに障害者や傷病者には負担が大きく、手厚い支援が必要になります。

障害者や傷病者、高齢者がいるときは、普段から災害を想定して、避難生活の対処法を考えておくことです。

妊婦や赤ちゃんも、体調の悪化にそなえて、できれば被災地から離れた親戚宅などに一時避難することを検討しておきましょう。

避難所では、窮屈なところにじっとしていなければならないことが多く、とくに子どもたちには辛くなってきます。そこで、**気が紛れるように、遊び道具なども持参しましょう。**

子どもは大震災によって、情緒不安定になっています。できるだけ**抱っこしてあげる、歩くときも必ず手をつなぐなど、スキンシップを心がけましょう。**日中であれば、危険がないことを確かめたうえで、外に連れ出すことも必要です。

寝るときも添い寝するなど、心に潜む不安感を少しでも払拭してあげることが大切です。

子どもには、遊び道具なども用意しておく。

情緒不安定になりがちな子どものために、できるだけスキンシップを！

47 自分でできることは自分でやる

避難所生活など、被災地での生活では、助け合いの精神が大切です。お年寄りや子ども、妊婦や病人といった弱者に気を使うのは当然のことです。

また、警察官や消防署員、役人といった人々は、たとえ自分の家族が被災していたとしても、不眠不休に近い状態で職務についています。あるいは、医師や看護師も人手不足で、肉体的、精神的限界との戦いといった状態です。

過去の震災では、被災地で働く公務員が、過労死してしまったということもありました。

そんななか、大震災後には、「火事場ドロボウ」も出没します。とくに家人が避難したあとの空き家が多く狙われるといいます。

震災で被害を受けたうえに、ドロボウに財産まで奪われてしまっては、たまったものではありません。

しかし、警察官は人命救助を最優先させますので、窃盗事件まではかまっていられないというのが実情です。

そこで「自警団」を組織して、町内の見回りをするといった対策も考えましょう。

何もかも人に頼るのではなく、自分たちでできることは、自分たちでやるようにしましょう。そして健康体であれば、できるだけ**他人のために役立つように心がけ、炊き出しや救援物資の配布など、積極的に手伝いましょう。**

妊婦やお年寄り、病人といった弱者にはいたわりを。

炊き出しなど、できるだけ手伝おう。

48 デマに惑わされない

大震災に襲われたあとの人の心は不安でいっぱいです。このようなときは、デマ情報がさらなる混乱を招きかねません。デマ情報は、人々にさらなる不安感を煽り立て、時にはパニックを引き起こします。

かつては、口コミによるデマがパニックを招いたこともありましたが、今ではツイッターやフェイスブックでデマ情報が流されたりします。

東日本大震災の折、千葉県の製油所で大火災が発生しましたが、「有害物質が雲に付着し、雨などと一緒に降る」といったデマ情報がチェーンメールで流されました。こういったデマ情報は、その真偽が確かめられることなく次から次へと伝わっていきます。

このようなデマ情報にダマされないためには、**テレビやラジオなど確かな情報源のものだけを信じるようにしましょう。**口コミやインターネットから流される情報に対しては、「本当かな？」という疑いの目を持ち、情報の真偽を確かめるようにします。

風聞には耳を貸さない、あるいは情報の出所を確認し、情報発信者が専門知識を持った人か、公的機関から出されたものかを確認しましょう。

その意味でも、ラジオは震災時には必携品ということになります。

震災後に流されたデマ

地震	デマの内容	原因・影響など
関東大震災（1923年）	●「朝鮮人が井戸に毒を投げ入れた」 ●「富士山大噴火」 ●「大噴火による伊豆諸島の消滅」	多くの朝鮮人が殺害された
阪神・淡路大震災（1995年）	「今夜、震度6の余震がくる」	「マグニチュード6クラスの大きな余震が起きる可能性がある」という学者のコメントが誤って伝えられた
東日本大震災（2011年）	「放射能汚染には、うがい薬が効く」	実際には効き目がないが、うがい薬が飛ぶように売れた

コラム IV

震災時のペットの世話はどうする？

飼い主にしてみれば、ペットは家族も同然。震災時には、ペットの面倒も見なければなりません。

大きな揺れがあると、動物もパニックを起こすことがあります。飼い主が不安になっていると、ペットにも伝染します。まず飼い主が落ち着かなくてはなりません。暴れる犬や猫には毛布など、大きな布をかぶせて視界を遮り、やさしく抱きかかえると落ち着きます。

また、犬などは飼い主を頼りにしています。できるだけ冷静さを保つようにしましょう。

問題なのが、避難所でペットをどうするかです。

なかには動物が苦手な人もいるので、室内にペットを持ち込むことはできません。東日本大震災では、小中学校の運動場などでペットを飼うということが、多々ありました。

一時的にボランティアなどに預かってもらうこともできますが、最悪、ペットを手放し、被災地以外のところに引き取ってもらうことも考えなければなりません。ペットのためにどうするのがいいのか、よく考えることです。

PART 5

日本は
地震活動期に
入った!

1 日本は地震活動期に入った

日本は、地震活動期に入ったといわれています。阪神・淡路大震災（1995年）のあたりから、地震の活動が活発になっています。

鳥取県西部地震（2000年、M7.3）、芸予地震（2001年、M6.4）など、地震空白地域と思われていた地域でも大地震が相次ぎました。

しかし、もともと日本は地震大国なのです。1980年以降、国内で10人以上の死者・行方不明者を出した地震だけでも、右の図のように数多く発生しているのです。阪神・淡路大震災や東日本大震災だけでなく、忘れてならない震災被害は数多くあるのです。

日本の面積は、世界の400分の１しかありません。その狭い国土に、世界の10分の１の地殻エネルギーが集中しているといわれています。

われわれ日本人は、地震とともに歩んできたといっても過言ではないのです。つまり、**いつ再び大きな地震に見舞われるかわからないのです。今すぐ大震災に襲われても不思議ではない状況**に、われわれは対処していかなければならないのです。

1980年以降、国内で10人以上の死者・行方不明者を出した大地震

(　)内は死者・行方不明者の数

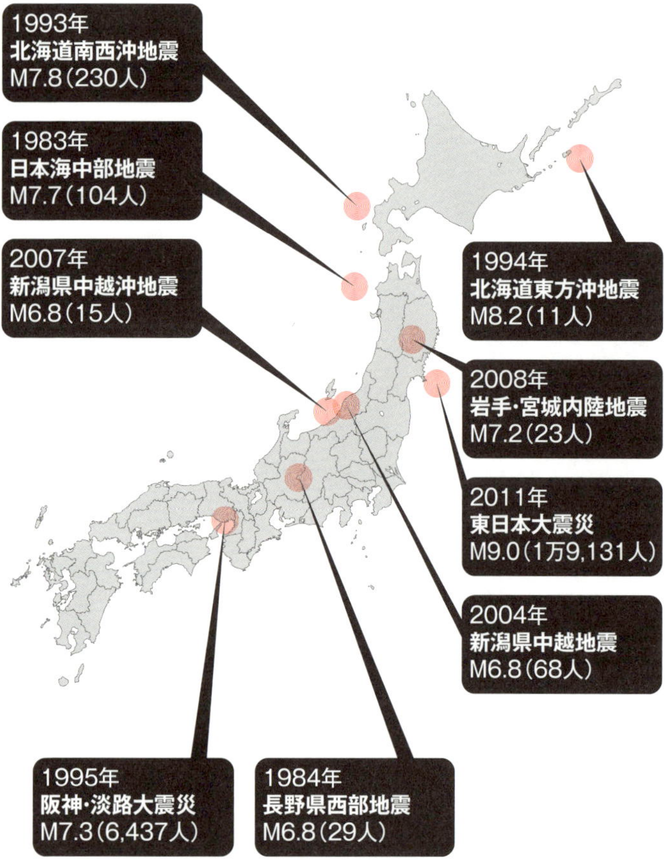

大被害をもたらした東日本大震災や阪神・淡路大震災のほかにも、日本列島を襲った大地震が各地に分布する。

2 次の巨大地震が迫っている

次に日本列島を襲う地震は、いつ、どこで発生するのか。この地震予測の研究は日進月歩で進んでいますが、予測は完全ではありません。あるいは不可能というのが現状なのです。それでも大地震が襲ってくる確率が高いとされている地域が、いくつかあります。

そして深刻なのが、**東日本大震災のあと、想定される被害が大きくなってきている**という点です。

たとえば静岡県を襲うとされていた「東海地震」。これは単独で発生するのではなく、「東南海地震」「南海地震」と三連動（「南海トラフ巨大地震」）で発生するのではないかと、最近の地震予測ではいわれています。

この「南海トラフ巨大地震」は、これまでの想定をはるかに上回る被害想定が発表されました。それによると死者32万人強と未曾有の大被害となっています。

さらに問題なのが、自治体を中心に行なわれてきた震災対策が以前の地震規模に対応しており、その被害予測の上振れにまだ対応しきれていないのです。

自治体や政府の地震対策には限界があり、**自らに及ぶ被害をいかに抑えるかは、個人個人に委ねられている**というのが現実なのです。

大震災が発生したとき、自分や家族の命は、自らの力で守るという強い意志が必要なのです。

気象庁が設けた震度と揺れの感じ方

震度	
0	人は揺れを感じない
1	屋内で静かにしている人の一部が、 わずかな揺れを感じる
2	屋内で静かにしている人の大半が、揺れを感じる
3	屋内のほとんどの人が揺れを感じる
4	歩いている人のほとんどが揺れを感じる
5弱	大半の人が恐怖を覚え、物につかまりたいと感じる
5強	大半の人が、行動に支障をきたす
6弱	立っていることが困難になる
6強	立っていることができず、揺れに翻弄され、 動くことができない
7	ほとんどの家具が揺れに合わせて移動する

気象庁が設定する震度は、現在10段階。

3 いつ起きてもおかしくない「東京湾北部地震」

国の中央防災会議が想定する首都直下型地震のひとつに、「東京湾北部地震」があります。これまでの想定は、陸のプレート（岩板）とフィリピン海プレートの境界で発生するというもの。想定される規模は、M7.3、最大震度6強というものでした。

ところが研究チームが地下構造を詳しく分析した結果、地震を引き起こす陸のプレートと沈み込むフィリピン海プレートの境界が、これまで深さ30キロとされていたのが、20キロに修正されたのです。

震源が浅ければ、揺れは大きくなり、被害も大きくなります。そのため**想定される最大震度は6強から7に引き上げられました。**

これまでの被害想定は、死者1万1,000人、経済被害は112兆円とされていました。建物の全壊約85万棟（焼失も含む）、帰宅困難者は1都3県だけで約650万人、瓦礫発生量9,600万トン（東日本大震災では約2,500万トン）、約1億立方メートル。荒川沿いで倒壊といった建物被害、および環状7号線や環状6号線周辺で火災が多発……。

ところが想定される最大震度が7に改められたことによって、災害規模がさらに大きくなるのは確実視されています。現在、地震調査研究機関において、見直しの作業が進められているところなのです。

震度6強と震度7ではこれだけ違う

		震度6強	震度7
屋内の状況		固定していない家具のほとんどが移動し、倒れるものが多くなる。	固定していない家具のほとんどが移動し、倒れたりして飛んでくることもある。
屋外の状況		壁のタイルや窓ガラスが破損、落下する建物が多くなる。補強されていないブロック塀のほとんどが崩れる。	壁のタイルや窓ガラスが破損、落下する建物がさらに多くなる。補強されているブロック塀も破損するものがある。
木造建物（住宅）	耐震性高	壁などにひび割れ・亀裂がみられることがある。	壁などにひび割れ・亀裂が多くなる。まれに傾くことがある。
	耐震性低	壁などに大きなひび割れ・亀裂が入るものが多くなる。傾くものや倒れるものが多くなる。	傾くものや、倒れるものがさらに多くなる。
鉄筋コンクリート建物	耐震性高	壁、梁、柱などの部材に、ひび割れ・亀裂が多くなる。	壁、梁、柱などの部材に、ひび割れ・亀裂がさらに多くなる。1階あるいは中間階が変形し、まれに傾くものがある。
	耐震性低	壁、梁、柱などの部材に、斜めやX状のひび割れ・亀裂がみられることがある。1階あるいは中間階の柱が崩れ、倒れるものがある。	壁、梁、柱などの部材に、斜めやX状のひび割れ・亀裂が多くなる。1階あるいは中間階の柱が崩れ、倒れるものが多くなる。
人の体感・行動		立っていることができず、這わないと動くことができない。揺れに翻弄され、飛ばされることもある。	

（気象庁震度階級関連解説表より）

被害想定が大きくなっていく！

これまで想定されていた「東京湾北部地震」の被害

死者	1万1,000人
負傷者	21万人
帰宅困難者	650万人
避難所生活者＋疎開者	700万人
建物全壊棟	85万棟
経済被害額	112兆円

（中央防災会議資料「首都直下地震対策について」より）

被害は
もっと大きくなる？

「東京湾北部地震」は、これまで震度6強が想定されていた。被害想定もそれに合わせて作成されていたが、震度7が想定されたことによって現在、新たな被害想定が作成されている。被害想定は、さらに膨らむ。

巻末付録

- 非常時用にこれだけは用意したいもの
- できれば備えておきたいもの
- 非常時用持ち出し品
- 家族の防災メモ
- 防災について学べる主な防災センター

これだけは

非常時用に用意したいもの

- □ 大型の懐中電灯、電池（またはランタン）
- □ ライター
- □ 水、食料
- □ 手袋、ヘルメット、ゴーグル、マスク
- □ 災害用トイレ、ティッシュペーパー
- □ 衛生用品（ウェットティッシュ、口腔ケア用品、生理用品、抗菌剤）
- □ 掃除用具（ほうき、ちりとり、麻袋、粘着ローラーなど）
- □ 予備のメガネ、入れ歯、処方薬など
- □ 救急用品（応急手当用品）
- □ 笛、防犯ブザー
- □ 携帯ラジオまたはポータブルテレビ
- □ アルミブランケット
- □ 携帯充電器（ソーラータイプがオススメ）
- □ 救助工具セット

できれば備えておきたいもの

- □ キャンプ用品一式（寝袋、テント、ロープ、毛布など）
- □ ウォータータンク
- □ 浄水器
- □ パンクしない自転車
- □ 雨具
- □ 新聞紙、ゴミ袋
- □ 小型発電機
- □ 米10 ～ 20キロ（家族の人数による）
- □ デジタルカメラ
- □ 自分の心を癒すもの（アロマ、本など）
- □ 消臭剤、凝固剤
- □ ビニールシート、ガムテープ（補修用）
- □ 地域のハザードマップ
- □ 携帯食器（紙皿、紙コップ、プラスチックスプーンなど）

非常時用持ち出し品

- □ 防災ベスト
- □ 運動靴（突き刺し防止のソールが入っている靴）
- □ 手回し式ラジオライト
- □ 手袋（突き刺しに強い素材のもの）
- □ ヘルメット
- □ 緊急連絡先メモ
- □ 家の鍵のスペア
- □ 笛
- □ 防煙マスク
- □ 応急手当用品（止血パッド、包帯、カーゼなど）
- □ 個人情報カード（連絡先、血液型、病歴など）
- □ 携帯トイレとトイレットペーパー
- □ 水
- □ 食料（缶詰・レトルト食品）
- □ ライター
- □ 携帯ラジオ

- [ ] 電池
- [ ] レジャーシート
- [ ] タオル
- [ ] レインポンチョ
- [ ] 下着、上着
- [ ] 現金
- [ ] 預金通帳、印鑑
- [ ] ウェットティッシュ
- [ ] ポリ袋
- [ ] 応急医薬品（下痢止め、風邪薬、痛み止めなど）
- [ ] 個人で必要なもの（紙おむつ、生理用品、メガネ、入れ歯、基礎化粧品など）
- [ ] 口腔ケア用品（歯ブラシ、液体歯磨き、歯磨きシートなど）
- [ ] 携帯電話、充電器
- [ ] 筆記用具
- [ ] 使い捨てカイロ

家族の防災メモ

家族一覧

氏名(フリガナ)		
続柄		
性別		
血液型		
携帯電話番号		
メールアドレス		
職場・学校名		
電話番号		
生年月日	年　月　日	年　月　日
身長	cm	cm
体重	kg	kg
病歴・アレルギー		
常備薬		
生命保険会社・保険番号		
損害保険会社・保険番号		
健康保険番号		
社会保険番号		
備考		

親戚・知人宅

氏名　　関係
電話番号
携帯電話番号
住所

氏名　　関係
電話番号
携帯電話番号
住所

※家族のデータは救助や避難の際に役立ちます。

記入日：　　　年　　月　　日　現在

年　月　日	年　月　日	年　月　日
cm	cm	cm
kg	kg	kg

氏名　　　　関係

電話番号

携帯電話番号

住所

氏名　　　　関係

電話番号

携帯電話番号

住所

防災について学べる主な防災センター

北海道地方

札幌市民防災センター　北海道札幌市白石区南郷通6丁目北2-1　☎011-861-1211
釧路市民防災センター　北海道釧路市南浜町4-8　☎0154-23-0425

東北地方

青森県防災教育センター　青森市大字新城字天田内183-3　☎017-788-4221
岩手県立総合防災センター　岩手県紫波郡矢巾町大字藤沢3-117-1　☎019-697-7741
一関市総合防災センター　岩手県一関市田村町1-12　☎0191-21-2106
気仙沼・本吉広域防災センター　宮城県気仙沼市赤岩五駄鱈43-2　☎0226-22-6688
秋田県消防学校防災センター　秋田県由利本荘市岩城内道川字築館1-1☎0184-73-2850
山形県防災学習館　山形県東田川郡三川町大字横山字堤27-1　☎0235-66-4626

関東地方

栃木県防災館　栃木県宇都宮市中里町248　☎028-674-4843
埼玉県防災学習センター　埼玉県鴻巣市袋30番地　☎048-549-2313
さいたま市防災センター　さいたま市大宮区天沼町1-893　☎048-648-6511
春日部市消防本部　防災センター　埼玉県春日部市谷原新田2097-1　☎048-738-3111
飯能日高消防署　埼玉県飯能市大字小久保291　☎042-973-9119
千葉県西部防災センター　千葉県松戸市松戸558-3　☎047-331-5511
池袋都民防災教育センター　東京都豊島区西池袋2-37-8　☎03-3590-6565
本所都民防災教育センター　東京都墨田区横川4-6-6　☎03-3621-0119
立川都民防災教育センター　東京都立川市泉町1156-1　☎042-521-1119
そなエリア東京　東京都江東区有明3-8-35　☎03-3529-2180
品川区防災センター　東京都品川区広町2-1-36　防災センター2階　☎03-5742-9098
北区防災センター　東京都北区西ヶ原2-1-6　☎03-3940-1811
荒川区立防災センター　東京都荒川区荒川2-25-3　☎03-3803-8711
目黒区防災センター　東京都目黒区中央町1-9-7　☎03-5723-8517
横浜市民防災センター　神奈川県横浜市神奈川区沢渡4-7　☎045-312-0119
神奈川県総合防災センター　神奈川県厚木市下津古久280　☎046-227-1700
山梨県立防災安全センター　山梨県中央市今福991　☎055-273-1048

甲信越地方

長野市防災市民センター　長野県長野市大字鶴賀1730-2　☎026-227-8002
燕・弥彦総合事務組合防災センター　新潟県燕市吉田浜首408-1　☎0256-92-1119

北陸地方

富山防災センター　富山市水橋入江334-4　☎076-478-5511
福井市防災センター　福井市和田東2-2207　☎0776-20-5156

東海地方

静岡県地震防災センター　静岡県静岡市葵区駒形通5-9-1　☎054-251-7100

名古屋市港防災センター　愛知県名古屋市港区港明1-12-20　☎052-651-1100

豊田市消防本部　防災学習センター　愛知県豊田市長興寺5-17-1　☎0565-35-9724

岐阜県広域防災センター　岐阜県各務原市川島小網町2151　☎0586-89-4192

近畿地方

京都市市民防災センター　京都市南区西9条菅田町７　☎075-662-1849

大阪市立阿倍野防災センター　大阪市阿倍野区阿倍野筋3-13-23　☎06-6643-1031

神戸市民防災総合センター　兵庫県神戸市北区ひよどり北町3-1　☎078-743-3771

尼崎市防災センター　兵庫県尼崎市昭和通2-6-75　☎06-6481-0119

奈良市防災センター　奈良市8条5-404-1　☎0742-35-1106

那賀防災センター　和歌山県岩出市中迫154　☎0736-61-7259

四日市市防災教育センター　三重県四日市市富田2-4-15　☎059-365-3119

中国地方

倉敷市消防局防災センター　岡山県倉敷市白楽町162-5　☎086-422-0119

呉市防災センター　広島県呉市広古新開2-1-9　☎0823-74-1310

四国地方

徳島県立防災センター　徳島県板野郡北島町鯛浜字大西165　☎088-683-2000

高松市民防災センター　香川県高松市多肥下町1530-16　☎087-815-0126

松山市防災センター　愛媛県松山市萱町6-30-5　☎089-911-1881

九州・沖縄地方

福岡市民防災センター　福岡市早良区百道浜1-3-3　☎092-847-5990

熊本市広域防災センター　熊本市中央区大江3-1-3　☎096-363-0265

鹿児島県防災研修センター　鹿児島県姶良市平松6252　☎0995-64-5251

那覇市役所市民防災室　沖縄県那覇市泉崎1-1-1　☎098-861-1102

参考文献

『イザのとき役立つ震災ハンドブック』(国崎信江 監修　中経出版)

『大地震発生　その時どうする　サバイバルブック』(国崎信江 著　日本経済新聞出版社)

『地震から子どもを守る50の方法』(国崎信江 著　ブロンズ新社)

『ママのための防災ハンドブック』(国崎信江 監修　学研パブリッシング)

『富士山噴火と東海大地震』(木村政昭 監修　イースト・プレス)

新聞・雑誌。関係省庁ホームページ。各自治体ホームページ　など備えは万全か？

大地震を生き抜く48の知恵

2013年6月17日　第１刷発行

編著
震災対策研究会

監修者
国崎信江

イラスト
松鳥むう

装丁
坂川栄治＋坂川朱音（坂川事務所）

編集協力
オフィスミックスナッツ

DTP
臼田彩穂

発行人
渡辺あや

営業
雨宮吉雄、横山 綾

発行所
株式会社イースト・プレス
〒101-0051　東京都千代田区神田神保町2-4-7 久月神田ビル８Ｆ
TEL 03-5213-4700　　FAX 03-5213-4701

印刷所
中央精版印刷株式会社

ISBN978-4-7816-0970-6　C0095